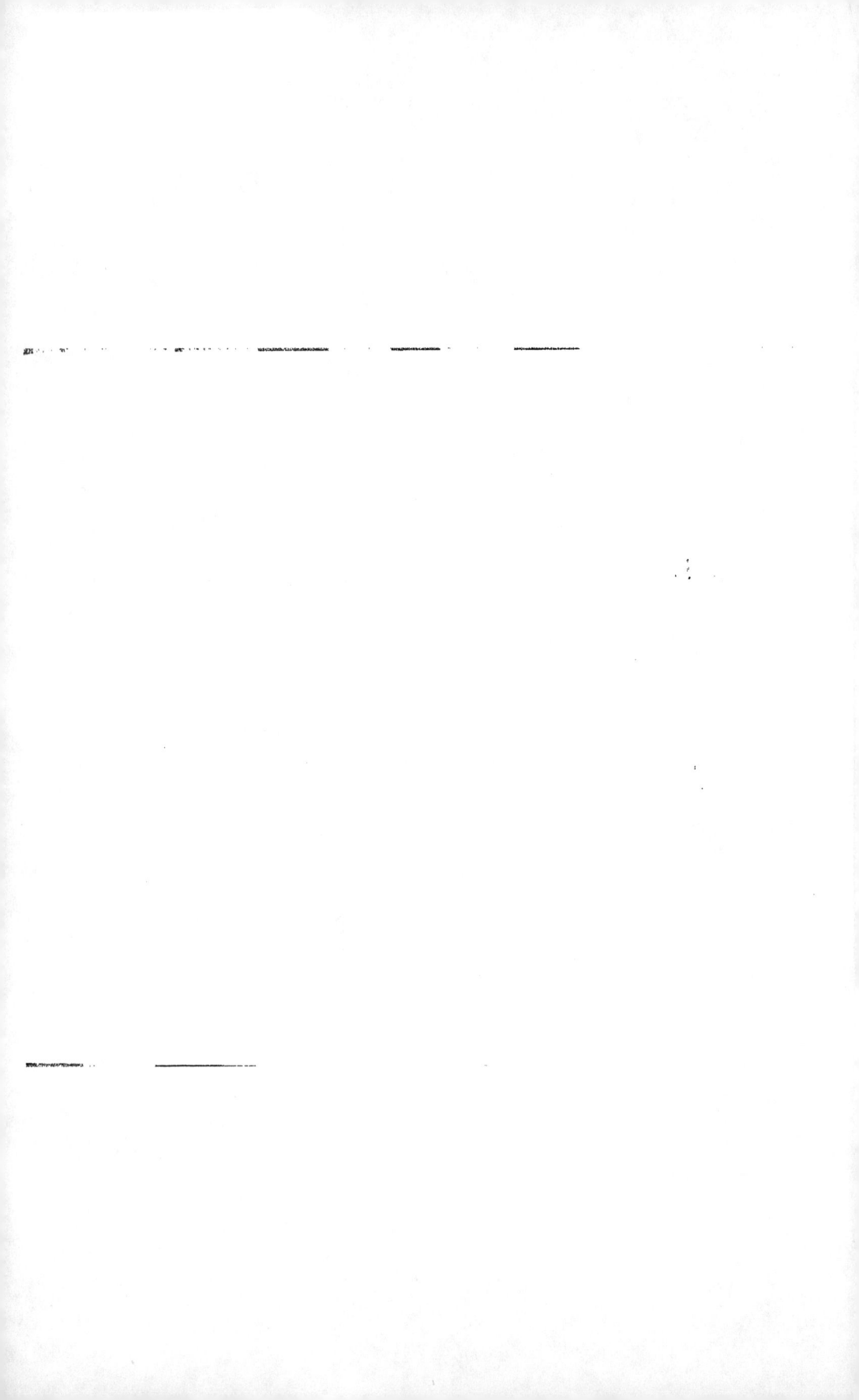

LES ANIMAUX SAUVAGES DE L'AFRIQUE.

ABC

2.

PELLERIN & C.ie à ÉPINAL.

A B C D E F G

H I J K L M N O P

Q R S T U V X Y Z

les Buf-fles.   LES BUF-FLES.   les Buffles.

LES BUFFLES

Les Buffles sont une espèce de Bœufs sauvages, mais beaucoup plus farouches et moins traitables. —Ils vivent à l'état sauvage en Asie et en Afrique, et pour les prendre on les chasse au moyen de lassos ou longues lanières garnies de plomb à l'extrémité.

—En Italie on se sert du Buffle comme d'un animal domestique, et pour le rendre docile on le conduit au moyen d'un anneau passé dans les naseaux.

—La corne de Buffle sert à fabriquer divers objets répandus dans le commerce, et la peau est surtout employée pour les équipements militaires.

—Le Buffle à l'état sauvage est dangereux, et il faut beaucoup d'adresse pour s'en emparer et parvenir à le dompter.

Ba	be	bi	bo	bu
Ca	ce	ci	co	cu
Ka	ke	ki	ko	ku
Da	de	di	do	du
Fa	fe	fi	fo	fu
Pha	phe	phi	pho	phu
Ga	ge	gi	go	gu

LES CRIS DES ANIMAUX.

La Grenouille *coasse.*

Le Grillot *grésillonne.*

L'Hirondelle *gazouille.*

Le Lion *rugit.*

Le Lapin *clapit.*

Le Loup *hurle.*

La Mouche *bourdonne.*

Le Mouton *béle.*

La Mésange *ramage.*

Le Merle *siffle.*

Le Moineau *pépie.*

L'Oie *criaille.*

L'Ours *gronde.*

Le Perroquet *parle.*

Le Pinson *ramage.*

La Pie *jacasse, babille.*

La Poule *caquette, glousse.*

Le Poulet *piaule.*

Le Paon *braille.*

La Perdrix *carabe.*

Le Ramier *caracoule.*

Le Renard *glapit.*

Le Rossignol *chante.*

Le Sanglier et la Laie *grommellent.*

La Souris *crie.*

Le Serpent *siffle.*

La Tourterelle *gémit.*

le Ti-gre.　　　　LE TI-GRE.　　　　*le Ti-gre.*

LE TIGRE

Le Tigre est un grand Chat de la taille du Lion, mais plus mince et plus bas sur jambes avec la tête plus arrondie et plus petite.

— Sa force prodigieuse et sa férocité l'ont rendu le plus redoutable des animaux dans les pays qu'il habite, qui sont l'Asie méridionale et l'Afrique.

— Le Tigre grince les dents, frémit et rugit comme le Lion, mais son rugissement est différent.

— S'il est le plus terrible des animaux, il est aussi le plus beau, sa peau est des plus estimées et fait des tapis de toute beauté.

— Le Tigre est plus rare que le Lion et n'a aucune des nobles qualités de celui-ci.

LES CRIS DES ANIMAUX.

L'Ane *brait.*

L'Aigle *trompette.*

L'Alouette *tirlire.*

Le Bœuf *beugle.*

Le Bufle *mugit.*

Le Canard *nasille.*

Le Cheval *hennit.*

Le Cochon *grogne.*

Le Cerf *brame.*

Le Chien *aboie, jappe.*

Le Chat *miaule.*

La Cigale *craquette.*

Le Pigeon *roucoule.*

La Cigogne *claquette.*

La Colombe *roucoule.*

La Chouette *hue.*

Le Coq *coquerique.*

La Caille *margotte.*

Le Corbeau *croasse.*

La Corneille *corbine.*

Le Crocodile *lamente.*

Le Dindon *glougloute.*

L'Éléphant *souffle, barreye.*

Le Faon *râle.*

Le Geai *cageole.*

Le Taureau *mugit.*

LE CIEL ET LA TERRE.

C'est DIEU qui a créé le CIEL et la TERRE. — La TERRE est un globe sur lequel nous vivons. — Elle est ronde, aplatie vers ses POLES et tourne sur elle-même autour de son AXE.

— On appelle AXE, une ligne qui passe par le centre d'un corps.

— On appelle POLES les deux extrémités de l'axe autour duquel la terre éxécute sa rotation en 24 heures.

— Le CIEL est la partie supérieure du monde qui nous environne de toutes parts, et dans laquelle nous voyons se mouvoir les planètes autour du SOLEIL. — On l'appelle aussi FIRMAMENT.

LES ÉTOILES.

— Les ÉTOILES sont des corps célestes lumineux qui, la nuit, paraissent toujours fixés au même point du CIEL. — Elles ont une grande variété de couleurs.

le Lé-o-pard. **LE LÉ-O-PARD.** *le Lé-o-pard.*

LE LÉOPARD

Le Léopard tient du Lion et de la Panthère. — Il a les mœurs et la conformation du Chat.

— La longueur de son corps varie de 1 mètre à 1 mètre 50, son pelage est jaune sur le dos, blanc sous le ventre et tacheté partout.

— Il habite les pays chauds, principalement le Sénégal et la Guinée.

— On l'appelle aussi le Tigre d'Afrique à cause de son pelage qui est très estimé.

DIVISION DU TEMPS.

L'*Année* est composée de douze *Mois*, du 1er Janvier au 31 Décembre.

—Les douze mois sont :

Janvier, Février, Mars, Avril, Mai, Juin, Juillet, Août, Septembre, Octobre, Novembre et *Décembre.*

—Les *Mois* sont de 30 et 31 *Jours*, excepté *Février* qui n'a que 28 jours et 29 jours dans les années *bissextiles*, c'est-à-dire tous les quatre ans.

—Les *Jours* se composent de 24 *heures*, de minuit à minuit.

—L'*Heure* contient 60 *Minutes* et la minute 60 *Secondes*.

LES CHIFFRES.

Les **CHIFFRES** sont des caractères dont on se sert pour marquer les nombres.

—Il y a dans la numération deux sortes de chiffres qui sont :

Les chiffres Arabes: 1 2 3 4 5 6 7 8 9 0.

Les chiffres Romains: I II III IV V VI VII VIII IX X.

—C'est sous le règne de **CHARLEMAGNE** que les Arabes importèrent leurs chiffres en Europe, où on les employa parcequ'ils sont plus commodes.

les Loups.   LES LOUPS.   les Loups.

LE LOUP

Le Loup diffère du Chien par son museau plus allongé, ses oreilles plus développées et son pelage plus touffu. — Sa taille est aussi plus grande ainsi que sa mâchoire et ses dents.

— Le Loup fait la guerre aux basses-cours et aux bergeries, il est un des animaux les plus nuisibles.

— Il se retire dans les lieux boisés et touffus et n'en sort que pressé par la faim. — Il peut se passer de nourriture pendant plusieurs jours, mais il résiste plus difficilement à la soif.

— Le Loup est l'ennemi de toute société et vit ordinairement seul.

— Il est de couleur fauve avec le museau noir et allongé, un signe noir qui s'étend le long des membres inférieurs est ce qui le distingue du chien domestique.